A GORITZ

LE 3 SEPTEMBRE 1883

H. OUDIN ET CIE, ÉDITEURS

<table>
<tr><td>PARIS</td><td>POITIERS</td></tr>
<tr><td>51, rue Bonaparte</td><td>4, rue de l'Éperon</td></tr>
</table>

1883

A GORITZ

LE 3 SEPTEMBRE 1883

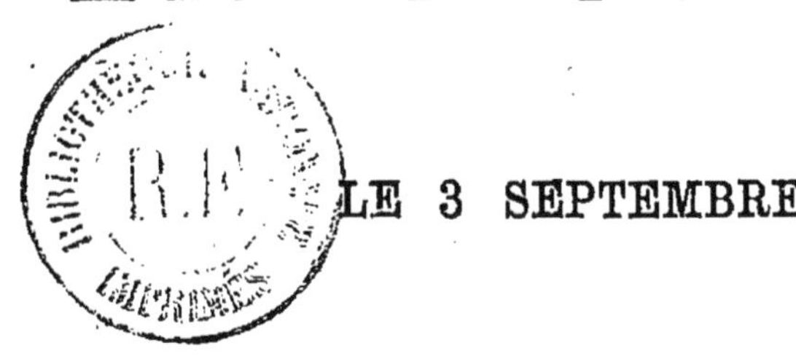

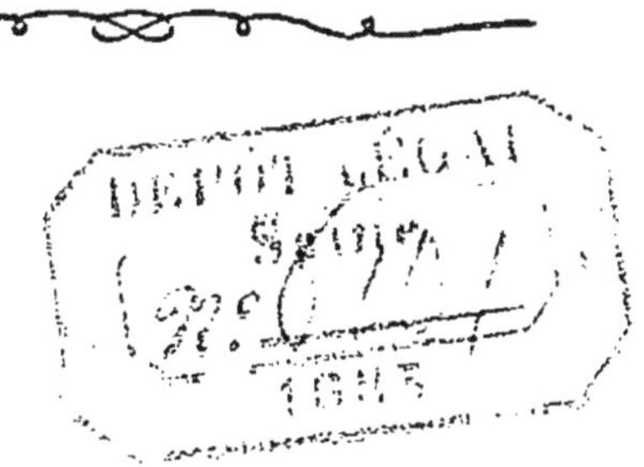

H. OUDIN ET CIE, ÉDITEURS

PARIS
51, rue Bonaparte

POITIERS
4, rue de l'Éperon

1883

A GORITZ

Le 3 septembre 1883

Près de quatre mille Français, — non pas une foule, mais une élite, car tout ce que pouvaient illustrer le nom, la naissance, le talent, les services et la valeur morale y était représenté, — arrivaient par le mont Cenis et le Saint-Gothard, par l'Italie, la Suisse et l'Autriche pour rendre les suprêmes devoirs au dernier des princes français petit-fils de Louis XIV.

On allait mener à Charles X pour le confondre dans la gloire de l'exil immérité Henri V, le dépositaire fidèle, inébranlable, majestueux du grand principe de l'hérédité monarchique, le porte-étendard incorruptible et chevaleresque du drapeau blanc, symbole immortel de l'unité nationale et de l'autorité légitime.

Nous allions, le cœur navré, porter au tombeau, confier temporairement, il faut l'espérer, à la piété de religieux, qu'une nation plus sage n'a pas eu la honte de crocheter, ce que nous avions connu de plus grand, de plus noble, de plus généreux au monde, en quelque sorte l'âme unifiée de la France en son plus admirable type.

Hélas ! il n'a pas régné, ce Roi sauveur, qui eût tout réparé, tout restauré, tout refait, tout avancé ! Il l'avait promis, il eût été la réforme et le progrès dans le sens bienfaisant de ces termes si souvent profanés.

Nous ne l'avons pas mérité, et la France l'a perdu sans l'avoir à peine connu que par les sublimes élans de ses avertissements paternels.

Il sembla cependant, aux heures suprêmes de ce long règne, que la Providence sans le rendre effectif n'eût pu, sous peine de se manquer à elle-même, permettre stérile, il sembla qu'une clarté subitement répandue illuminât la pauvre nation orpheline de sa Monarchie. Le lit de douleur de Frohsdorf fut comme un pavois, un Golgotha où la mort enfantait la vie.

Cet incomparable et courageux martyr, dont deux mois de souffrances ininterrompues ne pouvaient briser la fermeté ni ébranler la foi, l'homme du devoir, l'esclave royal du droit, appuya sur ce cœur qui n'avait jamais battu que pour la France, pour la vérité et pour la justice, la tête de l'héritier que désignait la tradition de quatorze siècles.

Si Bossuet vivait encore! quel tableau ! Et qui de nous pourrait avoir la prétention sacrilège de vouloir rendre ces émotions et ces enseignements supérieurs que Dieu ne réserve qu'aux pasteur de ses peuples!

Pour nous, serviteurs modestes de la patrie, sachons du moins recueillir sur les lèvres de l'auguste mourant le legs que sa chrétienne agonie nous a laissé à tous : «France! France! » murmurait cette voix, qui quelques instants après ne devait plus être entendue chez les hommes.

Et la France répondait, elle sortait de sa frontière pour aller à son plus noble fils, pour l'ensevelir de ses mains et pour naturaliser, même sur la terre étrangère, le lit de son funèbre repos.

L'Europe attentive et respectueuse s'était arrêtée avec une complaisance sympathique à considérer ce spectacle : elle nous en estimait davantage, je le sais, j'ai entendu, et plusieurs de mes amis comme moi, sur le quai de la gare de Nabrésina, des officiers autrichiens entre eux se félicitant de voir des Français qui n'étaient pas encore atteints de la lèpre républicaine! Ce réveil, cette expansion du vieux Royaume très chrétien avait un je ne sais quoi de consolant, à travers les bas et plats affadissements des heures présentes, qui résonnait comme un écho dans les cœurs inaccessibles à l'oubli de l'histoire ou à la désespérance de l'avenir.

On attendait une grande, une solennelle leçon : en présence des petits-fils et des fils de Louis-Philippe d'Orléans, les Franciscains de Goritz allaient desceller la pierre qui fermait le caveau de Charles X et l'eau bénite que de pieuses mains allaient jeter sur le cercueil du mort récent devait à la fois consacrer la glorieuse immortalité de son âme, la réconciliation sociale et le triomphe du droit.

Comme le Christ, Henri V devait vaincre par sa mort, et c'était la Révolution, son prétendu droit, son sophisme néfaste, qu'on allait vraiment enfouir à tout jama's, en attendant la pâque de la Monarchie restaurée.

Nous sentions, nous tous, les pélerins royalistes, nous sentions d'avance ces commotions souveraines, nous en avions le frisson, nos yeux voyaient déjà, déjà ils étaient humides de nos larmes, où la douleur, le regret, l'admiration et l'espoir se mêlaient. Quelle journée se préparait, et combien d'années stériles ou désastreuses elle devait venger à elle seule !

C'était trop beau sans doute.

Dès le 1er septembre au soir à Vienne, dès le 2 à Goritz on sut que des personnalités secondaires avaient surgi comme une insurmontable barrière entre le Roi de France mort et la Maison royale de France.

Ce fut une consternation d'abord, un cri de colère ensuite, mais promptement réprimé par le respect, par le devoir suprême du silence qui s'impose en ces tristes et solennels moments.

Les royalistes sont avant tout des hommes de principe et de discipline, leur jeune et nouveau chef, Monsieur le Comte de Paris, leur donna l'exemple ; qui de nous eût pu se plaindre, même en sa cruelle déception, quand l'héritier s'inclinait sans s'abaisser ?

Les détails douloureux de ce pénible événement sont assez connus, — trop même peut-être, — et la presse les a suffisamment répandus, pour qu'il soit inutile d'y insister. Ce qui importe, ce qu'il est intéressant de rechercher et de signaler, ce sont les conséquences politiques, au point de vue français et au point de vue monarchique, conséquences inattendues sans doute et contraires aux intentions de ceux qui les ont provoquées, de la solution donnée aux questions de préséance.

Il n'est passé, il ne pourrait passer par l'esprit d'aucun royaliste sérieux de contester ou même de discuter la transmission du droit. Celui qui l'eût osé, celui qui aurait commis envers la sainte mémoire de Henri V cet attentat, eût excité une réprobation universelle; mais, sans aller jusqu'à ce degré révoltant du mépris de la tradition française et de l'autorité du prince, ceux à qui de rancunes anciennes ou des préjugés tenaces obscurcissaient le deuil, se laissèrent prendre à un sophisme qui ne serait ingénieux que s'il pouvait s'expliquer en une autre langue qu'en français.

Le français est trop clair et trop précis pour fournir des termes à des arguments du genre de celui qui prétendit interdire au Chef de la Maison de France de tenir la première place aux funérailles de Henri de France.

On invoqua auprès de la plus sainte et de la plus respectable des veuves, auprès d'une princesse accablée à la fois par le chagrin, la fatigue et la maladie, les souvenirs des recommandations expresses de Monsieur le Comte de Chambord lui-même pour la simplicité de ses obsèques, on fit valoir les raisons de convenance relatives à l'hospitalité de l'Empereur d'Autriche, en un mot, on prétendit pouvoir réduire le convoi d'un Roi de France mort en exil aux mesquines proportions d'un décès privé. Dès lors, la politique écartée, ce n'est p'us le droit qui commande, il ne s'agit plus de parler de nationalité, de Monarchie, de principe, ce n'est plus un souverain légitime, c'est un oncle qu'on va conduire à sa demeure dernière!

Etrange anomalie! erreur et déplacement bizarres ! pour barrer le passage au petit-fils de Louis-Philippe, des *purs* auraient consenti à *embourgeoiser* le deuil du petit-fils de Charles X !

Comme la passion est mauvaise conseillère ! comme les meilleurs peuvent se tromper, et aussi comme il est difficile d'échapper aux conséquences d'une idée fausse, plus nuisible souvent à ceux qui l'ont mise en avant qu'à ceux qu'ils ont visés !

Le grand écueil de la situation qu'avait eue, jusqu'ici par sa condition même d'héritier futur, Monsieur le Comte de Paris, avait été de laisser croire à beaucoup de Français qu'il manquait de résolution et de hardiesse. Ceux qui cherchaient à lui infliger, le 3 septembre, une humiliation qui l'eût déconsidéré, lui donnèrent, au contraire, l'occasion de nous révéler, à nous qui n'avions pas l'honneur de le connaître, l'énergie d'une volonté vraiment royale.

Chef de la Maison de France, oui, on voulait bien le reconnaître comme tel, et d'ailleurs il n'y avait pas moyen de faire autrement, mais derrière le cercueil du Roi de France, devant quatre mille Français qui avaient fait cinq cents lieues pour ce rendez-vous de l'honneur national, on voulait le faire marcher au troisième, au quatrième, voire même au cinquième rang, et c'est ainsi qu'il eût acheté la succession de Louis XIV ?

Ah ! non pas, l'eût-il voulu, il ne le pouvait pas, lui qui naguère avait écouté battre le cœur de Henri V, le cœur du Roi français qui n'avait pas souffert qu'on lui marchandât la couronne.

Nous-mêmes, nous ne l'aurions ni compris, ni contemplé sans douleur. Sans doute, il nous fut bien pénible, quand dans le chœur de la cathédrale de Goritz, nous ne vîmes en face du trône archiépiscopal que des princes étrangers, quand à la montée suprême, à la conduite du corps, il fallut relever les vieilles bannières de France et déposer les étendards antiques sans qu'une main à la fois française et royale pût les recevoir ; mais cela était mieux ainsi, et il est permis de dire que si nos princes à nous n'y étaient pas, leur absence éclatait, comme parle Tacite : *Eo magis præfulgebant quod aberant.*

On demandait non sans quelque précipitation, à Monsieur le Comte de Paris, un acte public par lequel il s'affirmât l'héritier de Monsieur le Comte de Chambord.

Ceux qu'agitait cette impatience ont eu l'acte demandé, mais non tel qu'ils l'attendaient.

L'absence du Chef de la Maison de France à Goritz a été une protestation et une affirmation publiques.

Là, nous l'avons vu, le mort avait bien réellement et bien effectivement, suivant la vieille formule, saisi le vif.

De même qu'en 1873 à des exigences incompétentes Henri de France avait opposé la réserve hautaine de sa prérogative royale, de même le 3 septembre 1883 Philippe de France a maintenu l'intégrité de son droit et l'honneur de sa maison.

Et alors que s'est-il produit?

On eût pu craindre, et les malveillants déjà battaient des mains, que des fidélités anciennes dans la plus naturelle et la plus respectable douleur s'égarassent, et que d'honnêtes, de loyaux serviteurs, sous le coup d'émotions trop fortes, ne déviâssent de la droite ligne des principes.

Monsieur le Comte de Chambord n'avait pas que des partisans, il avait, et il méritait d'en avoir au plus beau sens du mot, des dévôts, c'est-à-dire des admirateurs personnels, qui confondaient dans le zèle de leur tendresse et de leur attachement, le principe et son incomparable représentant.

On eût pu craindre, et c'était d'avance la joie des républicains de toutes farines et des rares survivants du césarisme, que des hommes depuis des années placés à l'avant-garde de la grande armée catholique et royaliste ne vinssent dans un accès de désespoir briser, comme un hommage illogique mais touchant, sur le tombeau du chef perdu les armes désormais odieuses à leurs mains découragées.

Eh bien non, et c'est des plus irréprochables, des plus purs, des plus intransigeants de tous les champions du drapeau blanc que sont partis pour s'imposer à tous les exemples de discipline, d'obéissance, de résignation chrétienne et d'abnégation patriotique.

On a vu, on a entendu à Goritz les Charette, les Monti, les Piguerolle, les Lambilly, tous ceux qui avaient souffert, sacrifié leur vie, offert leur sang pour la cause s'honorer les premiers par le respectueux effacement de leur personnalité devant cet immense devoir, le salut de la France par la perpétuité de la tradition monarchique.

Et cela a été compris par tous, et cela a forcé l'admiration des étrangers eux-mêmes. Lisez les journaux italiens, autrichiens, allemands, anglais, n'importe, et partout où il n'y aura pas eu un mot d'ordre payé ou intéressé, vous verrez qu'on a été obligé de rendre justice à ces deux sagesses qui ont concordé, qui se sont comprises, entendues, répondues, celle du Chef de la Maison de France et celle du parti.

Quand après la cérémonie religieuse de la cathédrale tous les princes de Bourbon des branches espagnoles et italiennes défilèrent derrière le représentant de l'Empereur François-Joseph, il se fit parmi les Français un mouvement de silence et de recul. Ceux-mêmes qui avaient l'honneur d'être personnellement connus de ces neveux de l'auguste mort semblaient se tenir à l'écart, et la même réserve fut observée quand ces mêmes princes qui s'étaient réclamés de leur proche parenté pour écarter l'héritier politique descendirent de la plate-forme de Castagnavazza.

Si le silence est la leçon des Rois, à plus forte raison doit-il l'être de ceux qui n'ont à réclamer que des duchés.

Déjà depuis 1870, depuis qu'on avait vu la bannière blanche des zouaves tenir sous la mitraille prussienne et lui courir sus, depuis tous ces engagés volontaires à la tête desquels marchaient des vieillards, les Coriolis, les Bouillé, les Coislin, il était malaisé de nous rejeter au visage la rengaîne menteuse des fourgons de l'étranger.

Si les ministres de l'ignoble R. F., qui s'en va sur les genoux mendier dans les cours d'Europe qu'on accepte ses ambassadeurs interlopes et qu'on lui fasse crédit de la vie aux dépens de l'honneur, à plat ventre devant le chancelier d'Allemagne, chapeau bas et la bourse à la main devant un prédicant anglo-malgache, signant sans s'en apercevoir des traités de pacotille avec de faux Chinois de paravent, si les ministres de ce gouvernement fantôme, impuissant pour tout sauf pour le mal, ruineux pour tous sauf pour son syndicat d'exploiteurs, vainqueur honteux de quelques frocs et de quelques toges, si ces ministres avaient de bons mouchards et s'ils ont eu des rapports exacts, ils savent à quoi s'en tenir.

Osez donc dire que les chouans ont pactisé avec l'étranger?

Sans doute nous devons un hommage à ce généreux pays, à ce souverain chevaleresque, à cette noble cité qui ont rivalisé avec une sympathie si touchante de délicatesse et de tact pour couronner par des funérailles dignes de lui l'hospitalité accordée au Roi de France exilé. Mais à part ce juste tribut de reconnaissance, n'a-t-on pas vu les étendards antiques et les bannières blanches aussi bien que les têtes se redresser pour ne s'incliner devant personne alors que celui-là seul qu'elles devaient saluer n'était pas là?

C'est un fait politique important et déjà signalé et retenu : le parti légitimiste français, qu'on avait jusqu'ici considéré comme solidaire des revendications élevées au nom de principes identiques soit en Espagne, soit en Italie, a séparé désormais sa cause de toute autre. Nous sommes rentrés chez nous, devant l'affront immérité qu'on paraissait nous faire.

Les princes qui ont des droits à faire valoir sur ces couronnes grandes ou petites, tenaient de très près à la parenté de Monsieur le Comte de Chambord. Ce n'est pas ici le lieu de rechercher si cette famille privée a pu servir de prétexte à ceux qui avaient à cœur d'entraver, il y a dix ans, l'œuvre presque aussi vite avortée qu'entreprise de la restauration monarchique; mais il faut le proclamer hautement parce que c'est vrai et parce que cela est utile et saisissant, désormais chacun pour soi, chacun derrière ses princes, chacun à son rang.

Il ne faut pas se laisser abuser par des générosités illusoires, ni se lancer dans les sublimes utopies, quand on a à sauvegarder tous les intérêts moraux, matériels, et religieux d'un grand pays comme le nôtre.

Que l'Italie ou l'Espagne se gouvernent bien ou mal, violent ou respectent les principes fondamentaux des sociétés bien établies et régulières, cela peut-il encore nous passionner, quand nous avons à défendre nos enfants contre les poisons des Ferry et des Paul Bert, nos églises et nos prêtres contre les crochets des argousins, nos magistrats contre les mobiles fantaisies des Cazot ou des Feuillée, notre armée contre des politiciens tarés, nos finances et notre agriculture contre des agioteurs effrénés?

Voilà le vrai sentiment qui animait, qui faisait battre à Goritz le 3 septembre le cœur de ces quatre mille Français accourus pour rendre les honneurs funèbres à leur Roi et recevoir de lui dans cette funèbre et auguste cérémonie une dernière, une suprême leçon de patriotisme.

Vox populi, vox Dei. Cette voix aussi a parlé et il nous a été donné de l'entendre. Ce n'étaient pas seulement des ducs et pairs de l'ancienne France, des gentilshommes des vieilles provinces, des sénateurs, des députés, des hommes de plume ou de parole, des industriels ou de notables commerçants qui se pressaient pour représenter tous les ordres de la nation derrière le cercueil fleurdelysé. Le peuple était là aussi représenté par de vrais travailleurs, par de modestes ouvriers, et le bon sens de l'un deux a devant nous-même atteint jusqu'à l'éloquence.

Cet honnête homme offrait ses respects à l'un des plus anciens et des plus fidèles de la maison de Monsieur le Comte de Chambord et il demandait en même temps des indications et des conseils pour l'avenir. Tout aux regrets de son inoubliable maître, dans l'expansion de son légitime chagrin, l'interlocuteur troublé ne voulait point être arraché à son deuil : « Tout était fini, disait-il, tout brisé, tout perdu. — Alors, monsieur, dit l'ouvrier, est-ce que vous nous abandonnez ? est-ce que vous abandonnez la France ? Ai-je fait cinq cents lieues pour entendre cela ? »

Et ainsi l'homme du peuple retrouvait dans la simple

droiture de sa conscience le mot, le sentiment qui avait calmé, adouci la sainte agonie de son Roi : « France ! France ! »

Non, Monseigneur, non, Sire, il ne sera pas dit que vous aurez dans la majestueuse âpreté de l'exil consumé cinquante-trois années de votre noble vie, pour que nous devenus infidèles à la cause sacrée pour laquelle vous avez vécu, souffert, patienté, nous allions la déserter et la trahir, maintenant que vous êtes entré dans l'éternel repos.

O roi Henri ! vous avez vraiment régné, car sans avoir de faveurs, d'emplois, de hochets ou de titres à distribuer, vous avez été aimé, et vous êtes pleuré, et nous portons votre deuil comme celui d'un père chéri et à toujours regretté ; sans gendarmes, sans prétoires et sans cachots, vous avez été obéi, car vous aviez le droit de commander et nos consciences nous eussent imposé de vous servir ; ô Roi Henri ! même après vous avoir perdu, nous demeurerons au combat où vous nous aviez engagés, pied à pied défendant contre la Révolution la grande œuvre de la Maison Capétienne, l'unité française, la tradition nationale, l'ordre chrétien, l'autorité et la liberté.

Nous n'imiterons pas le lâche et pusillanime soldat qui en voyant son chef tomber sur le champ de bataille se croit libre de tout devoir et rendu à l'égoïsme individuel de la fuite. Nous resterons fermes aux positions assignées par vous, nous attendrons pour lui obéir, comme nous vous obéissions, les ordres du successeur que la loi divine et humaine avait marqué pour nous commander à son tour.

Ce serment, ô Roi Henri, nous l'avons fait avant de quitter la terre étrangère où nous avions la tristesse de vous laisser, mais non sans espoir de retour.

Oui, nous voulons croire, nous voulons espérer que plus heureux et plus sages, instruits par les leçons des cruelles expériences, désabusés des utopies, revenus aux pratiques réalités de la vie sociale, nous mériterons de relever ce trône dont seul vous avez si longtemps par votre grandeur morale assuré la perpétuité.

Alors nous reviendrons en Illyrie, alors nous reverrons Goritz et nous gravirons de nouveau la pente de Castagnavazza, mais ce ne sera plus pour remettre aux prières des Fransciscains un nouvel exilé, ce sera, ayant à notre tête non pas des Espagnols et des Italiens, mais des princes français, pour aller chercher nos Rois, pour les reprendre et les rapporter pieusement et triomphalement à la basilique de l'Ile-de-France, à Saint-Denis, au cœur de la patrie!

Alors, alors seulement nous aurons payé notre dette, alors seulement nous aurons le droit de nous reposer, quittes envers vous!

Pour arriver à ce salutaire et glorieux résultat de la Monarchie restaurée, de la France affranchie, rassurée, pacifiée, que nous faut-il donc aujourd'hui?

Il nous faut la sagesse d'éviter les fautes qui ont condamné Monsieur le Comte de Chambord à mourir dans l'exil.

J'ai été témoin, et non sans une émotion profonde, de bien des *mea culpa* sincères, et j'avoue que pour ma très humble part, au moment même où je lui apportais mes suprêmes homages, je sentais que tous là nous avions, même ceux qui l'avaient le plus religieusement servi, quelque pardon à demander. Jai entendu, et plaise à Dieu que ces bienfaisantes impressions subsistent, plus d'un homme de cœur et de valeur regretter que le grand parti monarchique, dont la puissance et les ressources sont incontestables, ait tantôt méconnu et tantôt gaspillé ses forces.

Combien de fois n'ai-je pas entendu répéter, et avec conviction, dans cette mémorable journée, pendant ces heures vraiment historiques : « Sachons ne plus ensevelir nos Rois sur la terre étrangère. Ne reprenons pas pour un nouveau demi-siècle la politique des dissertations bizantines, des piétinements sur place, des bouderies sans effet. Nous n'avons plus une année, un mois, un jour, une heure à perdre, si nous ne voulons confondre notre propre deuil avec celui de la France elle-même. »

Eh bien ! il faut nous souvenir, il faut éviter les fautes qui nous ont entravés et qui seules ont rendu possible l'éphémère établissement d'une république exotique, anti-française, aussi contraire au génie qu'aux intérêts du pays.

Il faut avoir le courage de renoncer aux partis pris, d'abandonner les illusions ; il ne faut pas rêver de constituer dans l'empyrée un gouvernement idéal, pur de toute imperfection et conforme aux rêveries utopiques de chacun.

Pour que la Monarchie soit acceptée de tous, il faut qu'elle ne soit celle de personne. Il faut que l'on s'y rallie par patriotisme, avec une confiante résignation, encore qu'elle ne donne à aucun de nous la réalisation absolue du type qu'il avait conçu. Il faut cesser de discuter en un mot, et prendre l'occasion aux cheveux, sans en rechercher la couleur.

Si le régime que vous prétendez inaugurer doit de toutes pièces et comme d'un seul jet sortir à la façon de Minerve de la cervelle entr'ouverte de Jupiter, ce n'est plus la peine d'espérer ni de travailler. Nous ne le verrons jamais. En est-il un seul qui puisse satisfaire tout le monde, quand le meunier, son fils et l'âne n'ont pu y parvenir ?

N'imitons pas ceux qui mettaient la charrue avant les bœufs, ne fabriquons pas de constitutions futures, ne commençons pas l'édifice par le toit. Quand nous aurons

jeté dans le sol de solides fondations, et il n'en est pas
de plus fermes que celles de l'hérédité traditionnelle, il
sera temps d'élever d'étage en étage le monument de la
sécurité et de la grandeur nationales.

Contentons-nous modestement d'être d'accord sur le
tracé de ces grandes lignes et remettons-nous au temps,
aux efforts lents et rationnels des partis du soin de para
chever l'œuvre en ses détails.

Surtout ne recommençons pas ces tristes négociations,
source fatale de malentendus perfidement exploités par
nos adversaires, ces exigences maladroites de doctrinaires
se méfiant déjà du pouvoir qu'on n'a pas encore redressé.
Occupons-nous beaucoup moins de ce que pense et de
ce que fera le Roi futur, et beaucoup plus de ce que nous
avons à faire dès aujourd'hui nous-mêmes pour recon-
quérir le Roi.

Rassemblons les ais du trône disloqué, et quand nous
y aurons assis le Chef de notre Maison royale, il sera
temps de chercher ce mieux qui est si souvent l'ennemi
du bien.

A quelque heure et comment que se présente la Monarchie, dès qu'elle sera possible, ne la renvoyons pas au
lendemain ni ne la discutons : le pis-aller de nous tous,
avec les nuances infinies de nos opinions depuis l'extrême
droite jusqu'au centre gauche qui ne parvient pas à appri-
voiser la République démagogique et le césarisme jaco-
bin, le pis-aller de tous ce serait déjà bien beau, car ce
serait le salut du pays !

Et le pays est triste, amoindri, opprimé, abêti, ce noble
pays, si riche encore en bons instincts, si prêt à tous les
efforts virils, si accessible à toutes les généreuses émo-

tions, si fécond en son travail et en son épargne ; il est inquiet, menacé dans ses intérêts à l'intérieur, molesté par des tyranneaux ridicules, par des goujats rapaces, opprimé par une dynastie de petits-fils de laquais étrangers qui viennent traîner leur linge douteux dans les palais princiers ; il est menacé à l'extérieur dans la sécurité de ses frontières, il est énervé par les incessantes humiliations que lui infligent contamment les grandes et même les petites cours d'Europe ; il est attaqué dans les sources vives de sa richesse par des déprédations prodigieuses, des extorsions fantastiques, ne sachant plus parmi les maîtres qu'on lui a persuadé de se donner lesquels lui coûtent le plus cher des ineptes, des niais ou des francs voleurs.

Donc taisons-nous, écartons tous nos dissentiments particuliers, effaçons nos préférences et laissons le pays entendre cette voix du Roi Philippe, au soir ténébreux d'une triste journée, frappant et appelant pour faire baisser le pont : « Ouvrez, ouvrez, c'est la fortune de France ! »

Vicomte Adrien Maggiolo.

Paris, ce 8 septembre 1883.

Paris. — Imprimerie de l'Étoile, BOUDET, directeur, rue Cassette, 1.

PARIS. — IMPR. DE L'ÉTOILE, BOUDET, DIRECTEUR, RUE CASSETTE 1.